Eduardo Jorge Pinto

Consciência de Auto-Defesa para o Cidadão Comum

Eduardo Jorge Pinto

Consciência de Auto-Defesa para o Cidadão Comum

ScienciaScripts

Imprint

Cover image: www.ingimage.com

This book is a translation from the original published under ISBN 978-620-2-07833-7.

Publisher:
Sciencia Scripts
is a trademark of
Dodo Books Indian Ocean Ltd. and OmniScriptum S.R.L publishing group

120 High Road, East Finchley, London, N2 9ED, United Kingdom
Str. Armeneasca 28/1, office 1, Chisinau MD-2012, Republic of Moldova, Europe
Printed at: see last page
ISBN: 978-620-7-97479-5

Conteúdo

RESUMO

Esta Tese reflecte a minha investigação sobre a Consciência da Autodefesa para o Cidadão Comum. O seu objetivo é abordar os acontecimentos criminais vividos pelo cidadão comum no decurso da sua vida e sugerir a resposta mais adequada a esses acontecimentos. Os dados foram extraídos de várias fontes aplicáveis para ilustrar as taxas registadas de incidência de crimes.

Como o autor é um estudante de Karaté Goju Ryu, as técnicas de defesa específicas que fazem parte integrante dos katas Goju Ryu são identificadas como tal na tese.

EDUARDO JORGE DA SILVA ABEGÃO PINTO

12 de novembro de 2017.

AGRADECIMENTOS

Estou em dívida para com um certo número de pessoas no que respeita à preparação desta tese. Estas pessoas dedicaram o seu tempo a discutir comigo vários aspectos práticos da autodefesa. Gostaria de manifestar a minha gratidão, em particular, a:

- o meu Sensei, Arnold de Beer Shihan,
- os meus colegas de dojo

Não posso também deixar de agradecer aos autores das várias publicações a que faço referência no meu trabalho.

Capítulo 1. Introdução

No início desta tese, convém apresentar o contexto situacional da África do Sul, onde vivo e trabalho, de que o cidadão comum ouve falar no seu quotidiano e à luz do qual deve tomar medidas preventivas. Este país tem sido um país muito violento durante várias décadas, tendo muitas famílias já experimentado em primeira mão o resultado dessa violência. Nos próximos parágrafos são apresentadas estatísticas que quantificam a nossa afirmação, e que parecem preocupantes quando comparadas com 1st países do mundo.

A informação abaixo reproduzida em itálico e entre aspas foi publicada pelo Staff Writer do Business Tech no dia 2nd de setembro de 2016. A África do Sul tem, no momento em que escrevemos, uma população de cerca de 55 milhões de habitantes, dos quais entre 3 e 7 milhões são imigrantes recentes do norte (Moçambique, Zimbabué, Zâmbia, Angola, Nigéria, Etiópia, etc.). A maioria destes imigrantes é ilegal e vive abaixo do limiar de pobreza, agravando assim os problemas de segurança já existentes.

" *O Serviço de Polícia da África do Sul divulgou as estatísticas da criminalidade para 2016, mostrando quais os crimes que aumentaram - e diminuíram - no ano passado.*

De acordo com os dados, a criminalidade geral na África do Sul diminuiu entre 2015 e 2016, com 2,1 milhões de crimes registados nos 12 meses medidos. Todas as categorias gerais de crimes diminuíram, com exceção dos crimes de contacto (e do roubo agravado, que o SAPS esqueceu)*, que se mantiveram "teimosos", disse o SAPS.*

Categoria	***2015***	***2016***	***Alterar***
Roubo agravado	*53 639*	*56 447*	*+5.23%*
Crimes de contacto	*616 973*	*623 233*	*+1.01%*
Crime detectado na sequência de uma ação policial	*356 919*	*355 926*	*-0.28%*
Crimes relacionados com o contacto	*125 789*	*124 804*	*-0.78%*
Crimes contra a propriedade	*553 487*	*543 524*	*-1.80%*
Outros crimes graves	*499 698*	*479 075*	*-4.13%*
Total	***2 206 505***	***2 126 552***	***-3.62%***

Quadro 1: Estatísticas da criminalidade na África do Sul, 2015/6

Os crimes de contacto incluem homicídio, tentativa de homicídio e crimes sexuais, bem como agressão comum e roubo.

Os crimes relacionados com o contacto incluem o fogo posto e os danos maliciosos à propriedade.

Outros crimes graves incluem crimes comerciais, furtos em lojas e todos os outros tipos de roubo - enquanto o roubo agravado inclui sequestros, roubos em residências e roubos de transporte de valores e assaltos a bancos.

Os crimes detectados em resultado da ação policial abrangem os crimes descobertos por policiamento ativo, tais como bloqueios de estradas e rusgas.

Os crimes são contados por acusação e não por processo, uma vez que um processo pode conter várias acusações. "

Este excerto exemplifica a gravidade da situação da criminalidade na África do Sul e realça a probabilidade de qualquer pessoa poder ser vítima de um crime; por conseguinte, a necessidade de tomar consciência e de saber como lidar da melhor forma com uma situação de crime para se proteger a si próprio e à sua família torna-se uma prioridade para todos os cidadãos cumpridores da lei.

As categorias de crimes que dizem respeito a esta tese são os "crimes de contacto", os "crimes relacionados com o contacto" e alguns dos "outros crimes graves", ou seja, os crimes em que um ou mais bandidos atacam cidadãos cumpridores da lei com o objetivo ou as acções consequentes de intimidar, roubar, ferir, violar ou matar. Estas categorias estão assinaladas a vermelho no Quadro 1. Duas caraterísticas muito importantes da maioria destes crimes são: a) os bandidos escolhem o momento para cometer os crimes, apanhando assim as vítimas de surpresa e b) em quase todos os casos, os bandidos estão em superioridade numérica.

Esta tese não pretende garantir a cada indivíduo que ele se tornará imune a ataques, mas trata antes de formas que o cidadão comum pode utilizar para evitar, minimizar ou contrariar ataques à sua pessoa ou família.

Muitos cidadãos optaram por ter armas para defesa pessoal. Infelizmente, muitas destas pessoas não têm formação adequada sobre como utilizar a arma de forma eficaz ou sobre quando a utilizar.

Nesta tese, abordamos a situação em que uma pessoa desarmada é atacada por um ou mais bandidos, que podem ou não estar armados com algum tipo de arma.

Capítulo 2. Caracterização dos ataques

2.1 A vítima: Idade e sexo

Os números que se seguem, bem como os dos parágrafos seguintes, foram extraídos de um estudo inglês, listado na referência 1. Considera-se que esta informação é geralmente aplicável à situação na África do Sul. Havia informação disponível sobre a idade e o sexo da vítima em 5.123 dos 5.615 casos registados (Tabela 2). A tabela ilustra a sobre-representação de vítimas mais jovens. As pessoas com idades compreendidas entre os 17 e os 35 anos representavam mais de 55% da amostra total de vítimas, contrariando a opinião dos meios de comunicação social de que os idosos são vítimas frequentes de "assaltos". Em contraste com as descobertas de que os homens jovens correm maior risco de "crimes pessoais", incluindo roubos de rua (Walmsley, 1986; Gottfredson, 1984), havia ligeiramente menos homens do que mulheres nesta amostra de vítimas. No pequeno grupo de vítimas com mais de sessenta anos, havia três vezes mais mulheres do que homens.

2.2 O endereço do domicílio da vítima em relação ao local da infração

Para 70% das vítimas, foi possível identificar o local do crime em relação ao seu endereço de residência. Isto revelou que 2.740 vítimas (68%) foram atacadas perto das suas casas, ou seja, o local do crime e a casa da vítima estavam dentro da mesma divisão policial. Em 1.392 casos (35%), a residência da vítima e o local do crime situavam-se na mesma esquadra policial. A grande maioria das restantes vítimas residia na área metropolitana.

Male			Female		
Age group	No.	% of total victim sample	Age group	No.	% of total victim sample
0-10	36	0.7	0-10	6	0.1
11-16	365	7.1	11-16	112	2.2
17-25	670	13.1	17-25	988	19.3
26-35	454	8.9	26-35	713	13.9
36.50	434	8.5	36-50	572	11.1
51-60	137	2.7	51-60	187	3.6
61-100	107	2.1	61-100	342	6.7
Totals	2203	43.1		2920	56.9

Tabela 2: Idade e sexo das vítimas de ataques

2.3 Os infractores

Foi analisada uma amostra de setenta e seis delinquentes numa zona de Londres, durante um período de três meses, numa tentativa de caraterizar os delinquentes. Mais de dois terços dos delinquentes (69%) foram criados em famílias monoparentais, 66% das quais com mães trabalhadoras. 25% passaram pelo menos uma parte da sua infância em instituições de acolhimento. No entanto, a maioria dos entrevistados (66%) descreveu a sua infância como feliz. Provavelmente devido à sua juventude, a maioria (70%) vivia na casa da família na altura em que foi detida.

O percurso escolar dos delinquentes entrevistados parece ter sido, em geral, curto. A idade média com que abandonaram a escola foi de quinze anos, um ano abaixo da idade legal de abandono escolar. Dez deles abandonaram a escola com catorze anos ou menos, e a grande maioria, quando falava da escola, dizia que simplesmente nunca tinha ido. O número destes indivíduos que foram suspensos da escola é uma prova de que se tratava, sem dúvida, de um grupo de alunos difíceis, mas é também uma indicação da pouca educação formal que alguns deles terão recebido.

Dois terços dos entrevistados estavam desempregados no momento da detenção, embora a maior parte deles tivesse tido algum tipo de emprego desde que deixaram a escola. Dos restantes, dez estavam empregados e três ainda estavam a estudar.

2.4 Roubos de rua

Uma categoria específica de ataque, o roubo de rua, é subdividida em categorias no quadro 3 abaixo.

Type of Offence	Nos. of Offences
Robberies	22
Snatches	8
Wage snatch	3
Bullying	6
Miscellaneous	2
Total	41

Quadro 3: Roubos de rua

Dos 41 eventos analisados, 3, o roubo do salário, envolve algum tempo de pré-planeamento, uma vez que os atacantes devem ter sabido que os salários tinham acabado de ser recebidos. O uso da força foi típico, com possíveis ferimentos resultantes da ação. O maior número de ocorrências, na categoria roubo (22 ocorrências), foram eventos espontâneos, e geralmente envolveram o uso de força e violência, são geralmente cometidos por mais de um indivíduo, e causaram ferimentos. Os roubos são normalmente acções rápidas destinadas a libertar a vítima de jóias, telemóveis ou malas de mão que se tornaram visíveis para o atacante. Os roubos são violentos por natureza, mas normalmente não causam danos à vítima. A intimidação é uma categoria em que o agressor procura principalmente humilhar a vítima, podendo o roubo dos seus bens tornar-se um objetivo secundário.

2.5 Como é que os criminosos escolhem as suas vítimas?

Quando os infractores foram questionados sobre como escolheriam uma vítima para um assalto de rua, o fator mais mencionado foi, de longe, a "aparência rica". O segundo fator mais frequentemente mencionado, e relacionado, foi se a vítima tinha consigo coisas como jóias, um relógio ou uma mala. Estes resultados são apresentados na Figura 1.

Um ou outro destes factores foi mencionado como razão para selecionar uma vítima por trinta e quatro dos quarenta e cinco agressores entrevistados. Aqueles que não mencionaram nenhum destes factores tendem a dizer que os sinais visíveis de riqueza não importam tanto, porque tudo o que eles querem é dinheiro e toda a gente tem algum. Os dados das vítimas confirmam a importância da aparência de riqueza na sua seleção. Vinte das trinta e três vítimas referem que estavam vestidas de forma elegante ou muito elegante no momento do ataque, na medida em que estavam de fato quando regressavam do trabalho ou vestidas para sair.

2.6 Uma boa iluminação pública evita os roubos de rua?

A preocupação com a relação entre a iluminação e a criminalidade deu início a uma série de projectos de investigação para examinar o potencial da melhoria da iluminação pública na redução da criminalidade (Painter, 1988, 1989; Atkins et. al., 1991; Ramsay, 1991). Sugerir que a iluminação pública

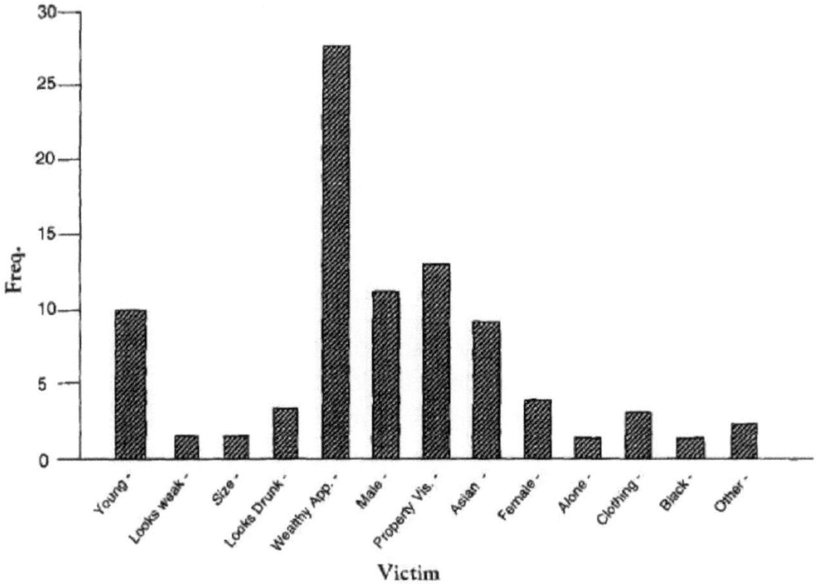

Figura 1: Factores que influenciam a escolha das vítimas

A ideia de que a luz pode reduzir a criminalidade é assumir que os crimes acontecem à noite, em condições de escuridão e na rua. Além disso, parte-se do princípio de que os infractores serão dissuadidos de cometer crimes num local bem iluminado devido ao risco acrescido de serem vistos e apanhados.

Os dados das entrevistas com os infractores de roubos de rua não confirmam nenhuma destas hipóteses. Em apenas seis casos os infractores lembram-se que estava escuro no momento do crime. O resto dos quarenta e cinco crimes eles lembram-se de terem acontecido em plena luz do dia (vinte e dois crimes) ou em situações em que havia iluminação pública (dezasseis crimes). As entrevistas com as vítimas corroboram este facto. Doze dos trinta e três crimes ocorreram em plena luz do dia e catorze dos trinta e três em zonas com iluminação pública. Todas as vítimas atacadas entre as 20h00 e as 24h00 encontravam-se em locais que descrevem como sendo bem iluminados. É possível que estes assaltantes de rua condenados sejam diferentes, no que diz respeito à sua atitude em relação à iluminação pública, dos assaltantes de rua que não foram apanhados e condenados. No entanto, a conclusão de que as condições de iluminação não são um fator crítico no processo de tomada de decisão do infrator é apoiada por provas das vítimas, nem todas envolvidas em crimes pelos quais houve uma condenação.

Foi perguntado aos delinquentes se tinham em conta a iluminação quando escolhiam um local para a prática do crime. Apenas três a mencionaram como parte de uma série de factores que teriam em consideração e apenas dois escolheram ativamente locais escuros. Com base nestes resultados, deve concluir-se que a iluminação pública não dissuade os ladrões de rua de cometerem crimes. Esta conclusão é apoiada pelo trabalho com outros tipos de infractores, tais como assaltantes e ladrões de automóveis, que parecem estar igualmente despreocupados com as condições de iluminação (ver Ramsay, 1991 para uma revisão).

2.7 Qual é o papel das armas e da violência nestes ataques?

Uma grande parte do medo de ser atacado está associada à possibilidade de ser ferido ou magoado. Mais de metade das vítimas de roubos de rua relataram ferimentos sofridos durante o roubo. Este número é o dobro do número de vítimas feridas que seria de esperar da análise de 5615 crimes de rua registados descrita anteriormente, mas é provavelmente explicado pela maior proporção de assaltos, em oposição a roubos de carteiras, sofridos pela amostra da entrevista. Duas destas vítimas ficaram gravemente feridas, uma delas com um osso da face partido e a outra com um corte na garganta. Os restantes ferimentos eram geralmente nódoas negras e cortes; num caso, o ferimento foi causado acidentalmente sem a intenção declarada do infrator de ferir.

Quando lhes foi perguntado quanta força estariam dispostos a usar, a opinião do infrator foi que usariam tanta quanto fosse necessário para obter o que queriam das vítimas. Isto, juntamente com as observações que fizeram sobre os motivos que os levaram a cometer o crime, parece sugerir que os infractores estão mais preocupados com o ganho do crime do que com o efeito na vítima. No entanto, os infractores não se mostraram totalmente insensíveis ao efeito nas vítimas, tendo dezassete infractores afirmado que não atacariam uma mulher e dezanove que não atacariam pessoas idosas, tendo alguns deles afirmado voluntariamente que "não era correto" ou "era simplesmente perverso".

2.8 Os infractores estão maioritariamente preocupados com o lucro obtido com a infração

As respostas das vítimas mostram que os crimes não têm de ser violentos para serem traumatizantes para a vítima. De facto, dois terços dos assaltos de rua neste estudo não envolveram força para além de ameaças verbais. As vítimas parecem, em geral, ter resistido pouco. Os comentários dos infractores sobre como lidar com as vítimas sugerem que esta é a abordagem correta.

Eles vêem as vítimas que resistem como de alguma forma mais merecedoras de tratamento violento e, portanto, podem aumentar a violência:

"Se tentarem ripostar, terão o que merecem".

2.9 Esclarecer alguns mitos

Existem muitos mitos sobre a questão dos assaltos, roubos de rua ou confrontos de rua e as suas consequências. Nove desses mitos são brevemente discutidos (e desfeitos) de seguida.

• Mito 1: um cinturão negro está melhor equipado para lidar com um confronto na rua.

Na realidade, há tantas variáveis num confronto de rua que uma pessoa comum, incluindo mulheres e crianças, tem quase a mesma probabilidade de sobreviver a um confronto sem ferimentos graves que um cinturão negro, porque o resultado de muitos destes confrontos se resume à atitude, à autoconfiança e ao tempo de reação.

• Mito 2: um tipo maior, mais forte e mais habilidoso ganhará sempre uma luta de rua.

No entanto, muitos lutadores de rua experientes acreditam que quem bater primeiro provavelmente ganhará o confronto.

• Mito 3: uma luta de rua média pode durar até 20 minutos.

Na verdade, a maioria das lutas de rua não dura mais de 7 segundos.

• Mito 4: se fores subitamente forçado a entrar numa luta de rua sem teres escolhido, deves esforçar-te por lutar com honra.

Numa luta de rua (e particularmente quando forçada) não existe tal coisa como um movimento desonroso; se necessário, deve pontapear, morder e arrancar os olhos do seu oponente, tudo para garantir que sobrevive ao encontro com o mínimo de ferimentos.

• Mito 5: As lutas de rua são normalmente ganhas no raio de ação dos socos.

Os lutadores experientes normalmente terminam o combate na zona do cotovelo/joelho

• Mito 6: A maioria dos combates vai para o chão.

A maioria dos combates termina em 7 segundos com o vencedor de pé.

• Mito 7: a coisa mais importante a observar durante um confronto é concentrar-se nas ancas do adversário, uma vez que isso irá telegrafar o seu próximo movimento.

Na verdade, deve usar o seu tempo à procura de alvos abertos para atacar com força.

- Mito 8: Só se deve praticar dois ou três movimentos para serem utilizados em caso de luta de rua.

Como não sabes quem te vai atacar, quantos ou como, quanto mais movimentos souberes, melhores são as tuas hipóteses de fazer frente ao atacante ou atacantes.

- Mito 9: Deve-se ficar de pé e lutar quando se é atacado

O agressor tem a vantagem da surpresa; pode haver mais do que um agressor e este pode estar armado. Por conseguinte, é aconselhável fugir se puder, não há desonra em preservar a sua vida numa situação que lhe é totalmente adversa.

Capítulo 3. Algumas estatísticas

3.1 Algumas estatísticas dos EUA

Os Estados Unidos são um país grande, com uma população de mais de 340 milhões de pessoas.

As estatísticas que se seguem têm um carácter ilustrativo, para que se possam tirar algumas conclusões.

Entre algumas das outras estatísticas contidas em *Crime in the United States, 2015 (ref. 4):*

. estima-se que tenham sido cometidos 1.197.704 crimes violentos

. O número estimado de assassinatos no país foi de 15.696.

. Durante o ano, estima-se que tenham ocorrido 90.185 violações. (Este número reflecte atualmente a definição antiga do UCR. Saiba mais sobre a "definição revista de violação", referência 5).

. Estima-se que houve 327 374 roubos em todo o país, o que representou um prejuízo de cerca de 390 milhões de dólares (o valor médio em dólares dos bens roubados por roubo registado foi de 1 190 dólares).

. As armas de fogo foram utilizadas em 71,5 por cento dos homicídios, 40,8 por cento dos roubos e 24,2 por cento das agressões agravadas.

. Os crimes contra a propriedade resultaram em perdas estimadas em 14,3 mil milhões de dólares. O valor total dos bens roubados comunicados (ou seja, moeda, jóias, veículos automóveis, eletrónica e armas de fogo) foi de 12 420 364 454 dólares.

Dos 327 374 roubos registados, 40,8%, ou seja, 133 568, envolveram uma arma. Desse número, 55.544 tiveram alguém ferido.

3.2 Estatísticas de sobrevivência e de ferimentos em assaltos à mão armada (com arma)

O assalto à mão armada com uma arma é aqui considerado especialmente devido à disponibilidade imediata desta arma letal para a maioria das pessoas, e para os bandidos em particular. As leis actuais e a sua aplicação na maioria dos países são totalmente inadequadas para impedir que as armas caiam nas mãos dos criminosos.

Se for vítima de um assalto à mão armada e se lhe parecer evidente que o assaltante se prepara para o matar a tiro, deve reagir, lutar ou fugir. Se decidir fugir, deve tentar apresentar-se como um alvo tão pequeno quanto possível, inclinando-se para a frente e fazendo ziguezagues. As estatísticas indicam que a probabilidade de o seu assaltante estar armado é de 40,8% e a probabilidade de ser alvejado durante um assalto à mão armada é inferior a 42%; se for atingido, a probabilidade de ser um ferimento mortal é inferior a 30% (devido à distribuição dos órgãos vitais no corpo). Ou seja, no total, a probabilidade de ser morto durante um assalto à mão armada (com arma de fogo) se o assaltante disparar contra si e você correr é inferior a 13%.

Capítulo 4. Sensibilização e prevenção em matéria de ambiente

4.1 Evitar situações complicadas

Todos nós temos instintos que fazem parte da nossa natureza animal e que são herdados de pelo menos 200 000 anos de experiência da vida humana moderna, tanto em tempos bons como em tempos perigosos. Ouça o seu instinto e, se não se sentir à vontade com as pessoas que o rodeiam ou com a área em que se encontra, saia daí o mais depressa possível. A experiência acumulada dos seus antepassados permite-lhe saber quando se encontra numa situação ameaçadora, se apenas lhe der ouvidos. Especialmente se, na altura, for responsável por membros da família ou por um grupo de pessoas e os seus antepassados lhe falarem para avisar do perigo, então ouça-os e saia o mais depressa possível. Não há nada que tenha de provar a ninguém, por isso use os seus instintos interiores. As medidas práticas para melhorar a segurança pessoal incluem:

- Não usar jóias ostensivas ao ar livre
- Não exibir dinheiro abertamente em qualquer local público
- Não mostrar objectos como telemóveis caros e tablets da moda num local público
- Não se vista com roupas caras se vai andar num local menos elegante
- Permanecer em zonas onde haja um número significativo de pessoas que o possam ouvir se gritar
- Não leve a sua família ou as pessoas por quem é responsável para zonas que não sabe se são seguras
- Certifique-se de que conhece as zonas de segurança próximas (esquadras de polícia, locais públicos como restaurantes e bares).

4.2 Zonas de consciência

Segundo o Dr. Rossel Horine, na referência 3, existem quatro zonas de consciencialização, classificadas por cores, que cada pessoa deve compreender, a fim de reduzir a sua vulnerabilidade às ameaças externas.

- Branco. Este é um estado de não-consciência em que se encontra mais de 99% da população. Em qualquer altura, as pessoas não estão conscientes do que se passa à sua volta, ou de quem está à sua volta. Podem estar a acontecer coisas nas imediações que levariam uma pessoa treinada a entrar em modo de prontidão, mas não para a grande maioria das pessoas.

- Amarelo. Este é um estado de espírito em que a pessoa é capaz de registar que algo se passa à sua volta, mas em que permanece num estado de repouso, sem demonstrar exteriormente qualquer tipo de movimento reativo.

- Vermelho. Este é o estado em que uma pessoa está pronta, de mente e corpo, para reagir instantaneamente e sem hesitação a uma ameaça que acaba de se tornar evidente, se um certo limiar (comummente chamado de linha invisível) for ultrapassado. Neste estado, a pessoa tomará uma de quatro decisões, a serem implementadas se o limiar for ultrapassado:

1. Virar-se e afastar-se, se possível

2. Executar, se necessário

3. Confrontar, para impedir que as situações de ameaça se desenvolvam mais

4. Atacar, se viável, para pôr termo à ameaça

- Negro. Este é o estado final, em que a pessoa reage ativamente à ameaça de uma das formas acima identificadas, de modo a pôr termo à ameaça o mais rapidamente possível.

Capítulo 5. Modos de ataque dos bandidos

O que é que se pode esperar quando se é atacado na rua por um ou mais bandidos, que querem o seu dinheiro, jóias ou simplesmente querem "divertir-se"?

Bem, algumas delas são bastante comuns, mesmo que os acontecimentos nem sempre sigam a sequência ilustrada:

- Gritar, exigir, empurrar: o objetivo é intimidá-lo e obrigá-lo a cumprir imediatamente as suas exigências

- Agarrar: se não obedecer imediatamente às exigências, é provável que o passo seguinte no processo de escalada seja o agarrar, para lhe dar uma ideia da força e do que se seguirá

- Agressão aberta e sem armas: se os dois primeiros passos não funcionarem, podem ser efectuados ataques físicos sem armas:

- Pontapés e carimbos

- Perfuração

Estes ataques podem causar muitos danos, especialmente se forem efectuados por um bandido experiente ou por mais do que um bandido

- A agressão aberta com armas pode ser:

- Golpear com um taco ou um cano

- Chicoteamento

- Esfaqueamento
- Ataque químico (com ácido, por exemplo)
- Tiroteio

Estes ataques provocam normalmente ferimentos graves ou a morte

Capítulo 6. Psicologizar-se a si próprio

Qualquer pessoa confrontada com uma situação inesperada na rua irá provavelmente passar por uma série de sentimentos e/ou acções, especialmente se essa pessoa não tiver formação sobre como reagir nessa situação. Se a pessoa estiver treinada, continua a enfrentar uma situação perigosa, mas a probabilidade de sobrevivência é maior.

6.1 Medo versus auto-preservação

O primeiro sentimento quando confrontado com um ou mais bandidos é normalmente o medo, pois o seu instinto diz-lhe que a sua vida está a ser ameaçada e que tem pouco ou nenhum controlo sobre a situação, e o seu maior desejo é estar longe desse local.

6.2 Resistir ou submeter-se

A fase seguinte é aquela em que se avalia se se deve obedecer às exigências do(s) assaltante(s) ou resistir-lhe(s); isto dependerá obviamente do que se tem a perder, do número de assaltantes, se estão armados ou não, e da sua própria formação e auto-confiança.

Pode tentar falar com os seus assaltantes, para saber se, ao dar-lhes os seus bens, eles o deixarão a si e aos seus companheiros ilesos.

Se decidir que não há forma de resistir ao(s) assaltante(s), ou que a perda potencial não justifica o risco associado à resistência, então deixe que os assaltantes fiquem com os seus bens e não os provoque de forma alguma. Isto acontece normalmente se tudo o que os assaltantes querem é o dinheiro da sua carteira ou o seu relógio de pulso.

Em alternativa, pode decidir que a natureza do ataque é tal que prefere arriscar as consequências da resistência do que sofrer as consequências do ataque subsequente. Isto aplica-se nos casos em que um ente querido ou você próprio está prestes a ser violado ou gravemente ferido ou morto, ou quando vê que a principal intenção dos atacantes é feri-lo a si e ao seu grupo, sendo o roubo um objetivo secundário.

6.3 Compromisso

Uma vez decidido a resistir, não o faça de ânimo leve; deve quebrar a situação de vantagem de que beneficiam os seus agressores e desequilibrá-los. Se a sua ação não for bem sucedida, é provável que os agressores se tornem ainda mais agressivos.

6.4 Objectivos

As zonas do corpo do atacante que devem ser visadas para efeitos imediatos são

- Olhos; faz com que o atacante chore e não o consiga ver, permitindo a sua fuga
- Garganta; interrompe a respiração, o atacante pára o ataque
- Lado da cabeça (têmpora, maxilar); um golpe bem colocado irá pelo menos desorientar o atacante, o atacante pode desmaiar
- Queixo; isto pode adormecer o seu atacante
- Nariz; fácil de fazer sangrar o agressor; muito doloroso e também provoca lágrimas nos olhos do agressor, impedindo-o de o ver
- Parte de trás da perna; ao atacar o nervo ciático, o atacante fica paralisado
- Virilha; este é um ponto de paragem, se conseguir dar um bom pontapé
- Canelas; muito dolorosas, impedem o atacante de se mexer e de o seguir

6.5 Corre!

Numa situação como a de um assalto na rua, a(s) vítima(s) está(ão) em total desvantagem; por isso, se a(s) vítima(s) conseguir(em) criar uma janela de oportunidade, através de uma conversa ou de uma luta, que lhes permita fugir, isso deve ser feito com o máximo empenho.

Capítulo 7. Os 4 D's

Ao resistir a um ataque na rua, os seguintes movimentos estão entre os mais bem sucedidos, mesmo que não sejam aprovados em eventos de artes marciais "civilizadas":

- Arrancamento de olhos
- Golpes na virilha
- Golpes na garganta (podem matar)
- Agarrar a traqueia
- Morder (cuidado... os dentes têm muitas bactérias)
- Arranhar, torcer ou beliscar a carne
- Pisar, dar joelhadas ou pontapés num adversário imobilizado
- Golpes na coluna vertebral ou na nuca (podem matar)
- Golpear para baixo, usando a ponta do cotovelo
- Cabeçada ("beijo de Glasgow")
- Puxão de cabelo
- Dar um pontapé no rim com o calcanhar
- Agarrar a clavícula
- Manipulações de pequenas articulações (como os dedos)
- Armas e armas improvisadas

Considerações de carácter geral:

- O que ganha um "combate" (é para isso que o artista marcial treina) é a força, o tamanho, a velocidade, a resistência e a habilidade.
- Mas no combate pessoal (ou seja, na "luta de rua"), é o uso do **engano**, da **distração**, da **perturbação** e da **destruição** (**os Quatro Ds**) que vence.
- Na rua, vale tudo, e é preciso ser engenhoso para sobreviver.
- É certo que um vigarista magricela teria poucas hipóteses de vencer um pugilista da Golden Gloves no ringue, de acordo com as regras do boxe em vigor. Mas um lutador desportivo que não compreenda os "Quatro Ds" está em grande desvantagem em qualquer luta de rua.
- É por isso que o tamanho, a força e a resistência **não são** factores importantes numa luta de rua.

Capítulo 8. Pontos vitais

Para ser eficaz em combate, é preciso conhecer os pontos vitais do corpo; em situações extremas, quando a vida está ameaçada, são estas as zonas a atingir com toda a força para tornar o adversário ineficaz o mais rapidamente possível. O cidadão deve estar ciente de que golpes com força total em algumas dessas áreas podem causar a morte do oponente.

Os pontos vitais são mostrados na Figura 2 e estão listados de acordo com a classificação apresentada abaixo.

8.1 FRENTE

REGIÃO SUPERIOR

1- dorso do nariz

2- templo

3- olho

4- filtro

5- queixo

6- lado do pescoço

7- Maçã de Adão

REGIÃO MÉDIA

8- Colarinho

9- poço do braço

10- plexo solar

11- frente do cotovelo

12- costelas

REGIÃO INFERIOR

13- abdómen

14- testículos

15- joelho

16- canela

17- tornozelo

7.1 VOLTAR

REGIÃO SUPERIOR

18- crânio

19- nuca

REGIÃO MÉDIA

20- centro das costas

21- cotovelo

22- pulso

23- rins

REGIÃO INFERIOR

24- cóccix

25- parte posterior da coxa

26- lado do joelho

27- parte de trás do joelho

28- peito do pé

29- Tendão de Aquiles

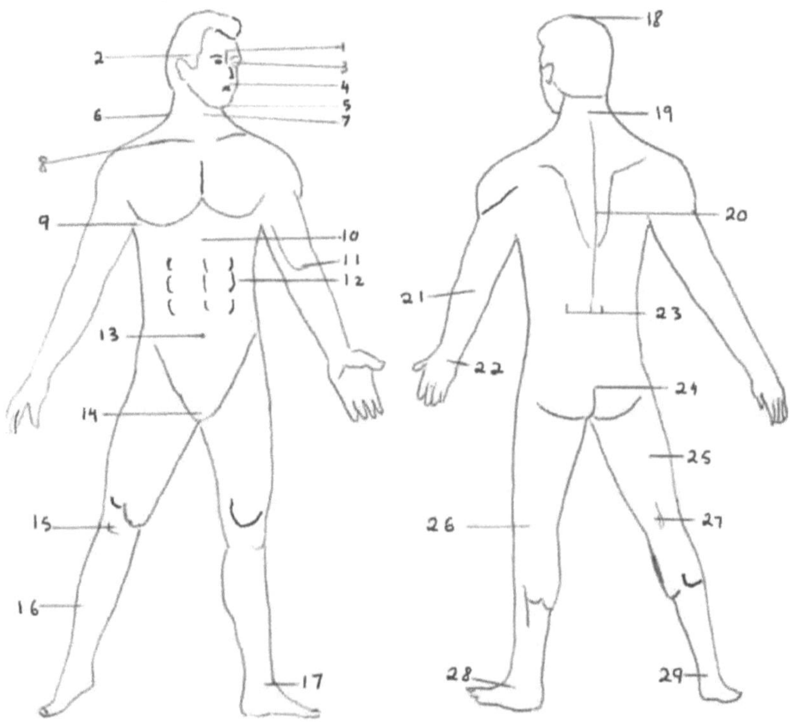

Figura 2: Pontos vitais do corpo

Capítulo 9. Acções de defesa contra ataques comuns

Quando abordado por um ou mais atacantes, há uma série de contra-ataques que podem ser utilizados contra técnicas de agressão comuns em que os atacantes tentam subjugá-lo. Iremos abordar algumas delas.

9.1 Quebrar o abraço de urso por trás

De seguida, são ilustradas três técnicas de defesa.

- Defesa 1

O teu atacante agarra-te por trás, com os braços à tua volta. A tua defesa consiste em deixar cair o teu peso, inclinando-te para a frente, e agarrar uma das pernas dele, puxando-a para cima o mais forte e rapidamente possível. Ele cai para trás e tu podes então fugir ou prosseguir o teu próprio ataque. As figuras 3 a 5 ilustram esta situação.

Figure 3: Attacker Grabs From Behind

Figure 4: Lean Forward and Grab His Leg

- Defesa 2

Mais uma vez, o teu atacante agarra-te por trás, com os braços à tua volta. Fazes três coisas em sequência, quase em simultâneo:

- o Bata-lhe no estômago com as nádegas

- o Deixar cair o peso, virando-se ligeiramente para o lado
- o E afastar os cotovelos, para quebrar os atacantes

abraçou-o e bateu-lhe nas costelas com o cotovelo do lado do corpo virado para o atacante.

Este movimento está incorporado no kata Seyiunchin da Goju Ryu, e a sua aplicação está ilustrada na figura 6.

Figure 5: Pull Attacker's Leg

Figure 6: Three Fold Counter Attack

- Defesa 3

Esta técnica de defesa pode ser utilizada isoladamente ou como seguimento da defesa 2: depois de o agressor a ter agarrado por trás, levanta-se a perna e empurra-se com força a canela do agressor, pisando-lhe o pé. Esta técnica é particularmente boa para as mulheres que usam sapatos de salto alto. A figura 7 ilustra esta técnica.

Figure 7: Raking the Attacker's Shin Figure 8: Attacker Holds Your Hair

9.2 Quebrar o agarramento frontal pelo cabelo ou pela orelha

O agressor agarra-o pela orelha ou pelo cabelo com o braço direito; a sua mão direita agarra a mão direita dele e mantém o braço direito dele esticado, recuando ligeiramente, se necessário, e virando a mão dele para dentro; em seguida, lança o seu braço esquerdo esticado sobre o braço direito dele até ao fundo; o agressor será obrigado a inclinar-se para a frente e a soltá-lo, altura em que estará de costas para si e poderá continuar a atacar ou fugir. As figuras 8, 9 e 10 ilustram esta situação.

Figure 9: Holding And Twisting your Attacker's Hand

Figure 10: Pushing Attacker Into the Ground

9.3 Libertar-se de um golpe no cabelo ou na orelha por trás

No caso de um homem agarrar uma rapariga (ou um homem de cabelo comprido) pelo cabelo ou pela orelha por trás, a rapariga segura imediatamente a mão do homem com as duas mãos e vira-se para dentro, agachando-se e passando por baixo do braço do homem a 270 graus; no fim da volta, ainda com a mão do homem na mão, levanta-se e atira o homem para o chão, pois ele tem de a largar para não partir o pulso. Ver figuras 11 a 13.

Figure 11: Man Grabs Ponytail

Figure 12: Girl Holds Hand

Figure 13: Girl turns 270 degrees and Stands

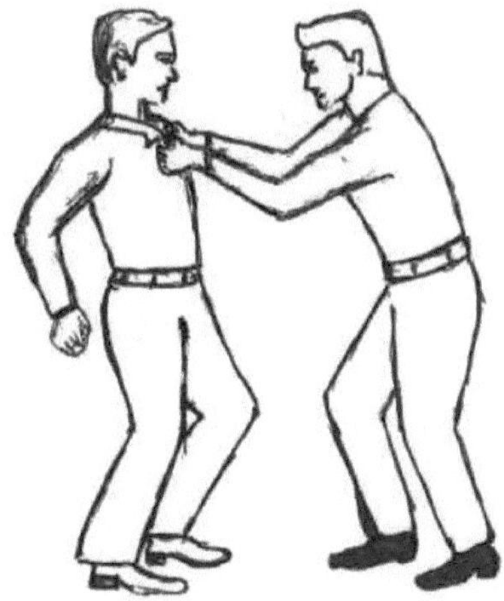

Figure 14: Attacker Grabs Victim's Lapel

9.4 Quebrando um agarre de lapela duplo.

Desde há muito tempo que os homens fortes preferem um movimento para intimidar as pessoas mais pequenas ou mais fracas, através do qual agarram a lapela da vítima com as duas mãos. Uma das defesas contra este movimento consiste em:

- Cruze os dois braços sobre os braços do atacante e segure firme

• Largar o peso o mais rápido possível; como o atacante não está à espera deste movimento, inclinar-se-á para a frente com o peso repentino

• Em seguida, endireite-se, apontando a parte superior da sua testa contra o nariz do atacante, e solte os braços do atacante; isto deve levar chá aos seus olhos e muito sangue ao seu nariz, dando-lhe a oportunidade de correr ou de prosseguir o seu próprio ataque a áreas vitais do seu corpo. Consultar as Figuras 14 a 16.

Figure 15: Victim Holds Attacker And Drops Weight

Figure 16: Victim Stands And Headbutts Attacker

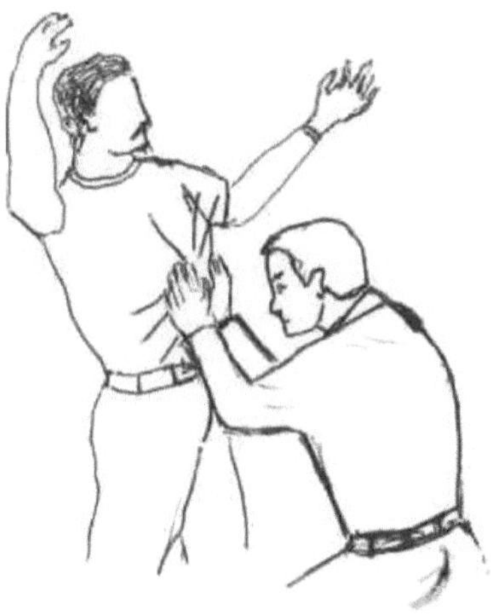

Figure 17: The Pop Up

Figure 18: The Shield

9.5 Neutralizar o empurrão

Um movimento comummente utilizado pelos agressores para intimidar as suas vítimas é o empurrão. O agressor precipita-se sobre a vítima com a intenção de a empurrar para o chão. O contra-ataque a este ataque é ilustrado na figura 17, em que a potencial vítima se afasta para quebrar a linha de ataque e baixa o corpo, depois usa o pé de trás para se fixar no chão e empurra para cima com as mãos, como se estivesse a empurrar algo de uma mesa para o chão. Esta técnica, vulgarmente conhecida como Pop Up, é muito eficaz mesmo contra uma pessoa muito mais pesada, e está incluída no Kata Saifa da Goju Ryu.

9.6 Interromper um ataque logo no início

Esta técnica é utilizada quando se consegue antecipar o soco do atacante: avança-se e empurra-se com a mão aberta contra o ombro do atacante, enquanto a outra mão apoia o pulso da mão que faz o contacto. O efeito desta técnica (chamada "O Escudo" por alguns lutadores profissionais) é parar o murro de ataque e colocar o atacante numa situação de desequilíbrio. Esta técnica em particular está incorporada no kata Seyiunchin do Goju Ryu e está ilustrada na figura 18.

9.7 Bloquear um pontapé

Quando um atacante te dá um pontapé tão rápido que não tens tempo para sair da linha central, então o melhor movimento defensivo é bloquear o pontapé com as mãos abertas cruzadas à tua frente, de modo a que possas agarrar a perna dele e torcê-la para dentro (para evitar um pontapé da outra perna quando o atacante se vira). Se o pontapé for dado com a perna direita, a mão direita fica por cima durante o bloqueio. A perna é então dobrada para a frente enquanto o atacante cai no chão, tornando-o imóvel. Esta técnica é ilustrada nas figuras 19, 20, 21 e 22. A técnica de bloqueio com a mão aberta está incluída nos katas Shisochin e Sanseru do Goju Ryu.

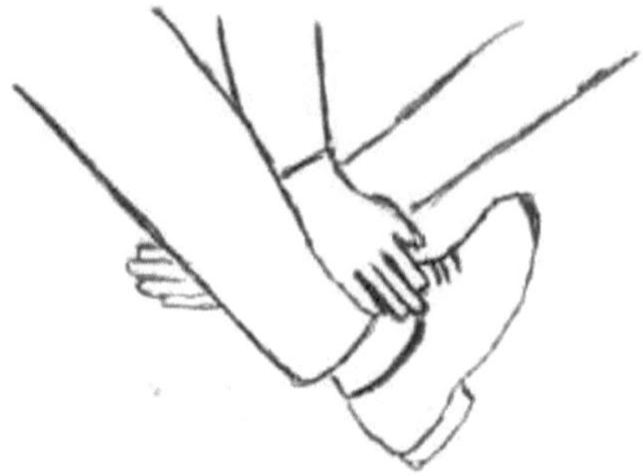

Figure 19: Block Kick With Crossed Open Hands

Figure 20: Grab Leg and Twist Inwards

Figure 21: Bend Leg and Push Forward

Figure 22: Press Leg Against Thigh

Capítulo 10. Defesa e contra-ataque com a mão vazia

Uma vez que um ataque inicial tenha sido dissuadido, aparado ou desviado, então a vítima potencial deve agir rapidamente para terminar a luta o mais rápido possível, ou para ter uma oportunidade de escapar. De seguida, são apresentadas algumas técnicas de mãos vazias que ajudam a potencial vítima a fazer isso mesmo, se for forçada a lutar, mesmo que apenas momentaneamente.

10.1 Contra-ataque fora do centro

A primeira coisa a fazer contra um atacante que se precipita na nossa direção é sair da linha de ataque, para que o seu impulso não nos empurre para trás ou para baixo; assim, afastamo-nos da linha central e, ao mesmo tempo, bloqueamos um murro que nos é dado; em seguida, usamos o joelho contra o estômago ou as costelas inferiores, seguido de um golpe de cotovelo contra a cara. Estas técnicas de ataque, o golpe de joelho (isa geri, em Goju Ryu) e o golpe de cotovelo (empi uchi, em Goju Ryu) são muito eficazes quando utilizadas em combate fechado e estão enraizadas nos Katas de Goju Ryu, como Saifa, Geki Sai Dai Ichi, Geki Sai Dai Ni, Geki Sai Dai San, Seyiunchin, Shisochin e Sanseru, por exemplo. O contra-ataque fora do centro é ilustrado na figura 23.

10.2 O empurrão no joelho

Esta é uma técnica em que a potencial vítima passa para a ofensiva e tenta atirar o atacante para o chão. A potencial vítima pisa o pé do atacante e força o seu joelho contra o joelho do atacante. O atacante é forçado a inclinar-se para trás e acaba por cair no chão, para evitar danos no joelho. Esta situação é ilustrada na figura 24.

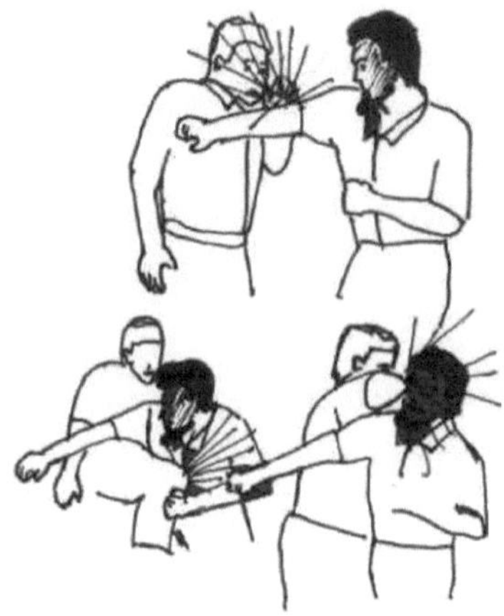

Figure 23: Off Centre Counter Attack

Figure 24: The Knee Push

10.3 Palma, dedos e unhas

O nariz, os olhos e a garganta são zonas muito sensíveis. Quando atacados causam muita dor e são considerados alvos finais, pelo que faz sentido atacá-los em auto-defesa. A mão com os dedos abertos pode ser empurrada livremente contra os olhos e a zona da garganta, ou se tiveres alguma experiência, podes atingir a zona abaixo da maçã de Adão com um único dedo (se tiveres unhas mais compridas, melhor). O nariz pode ser atacado com a palma da mão. Estas técnicas são ilustradas nas figuras 25, 26 e 27. O ataque com a palma da mão e os dedos está incorporado nos katas Shisochin e Suparimpei do Goju Ryu.

Figure 25: The Eye Jab

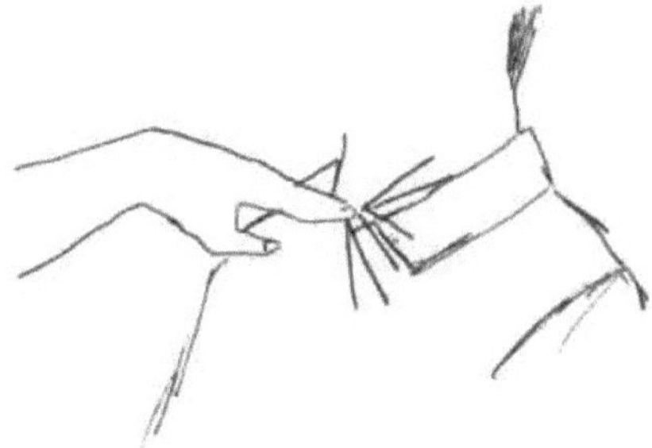

Figure 26: The Throat Jab

Figure 27: Open Hand Strike to the Nose

Figure 28: Head-Butt

10.4Cabeçada

A cabeçada, também chamada de beijo de Glasgow, é um movimento muito popular em lutas de bar, pois é usado em locais fechados como um movimento de finalização e, quando bem executado, causa muita dor e sangramento. A ideia geral consiste em agarrar as orelhas ou o pescoço do agressor e dirigir a parte superior da testa para o seu nariz; mesmo que não acerte no nariz e acerte noutra parte da cara, este movimento deve ser um knock-out. A cabeçada é ilustrada na figura 28.

10.5A bofetada na orelha

Uma boa pancada na orelha com a mão tem o efeito de uma marreta na lateral da cabeça e desorientará o atacante, dando-lhe tempo para o seu próximo movimento. A figura 29 ilustra a bofetada na orelha, extraída de uma aplicação Goju Ryu do kata Seyiunchin.

10.6O estrangulamento

O Choke Hold é um golpe mortal, se alguém persistir em segurá-lo depois de a pessoa ter desmaiado. Normalmente, é executado por trás de uma pessoa, passando um braço à volta do pescoço da vítima, pressionando de cada lado do tubo de ventilação e apoiando-o com o outro braço, com a mão atrás do pescoço da vítima. Pressionando para baixo com a mão que está atrás do pescoço, interrompe-se o fluxo de sangue através da artéria carótida para o cérebro da pessoa. Uma pressão mais forte para baixo e para os lados pode partir o pescoço do indivíduo. A figura 30 ilustra a imobilização por estrangulamento.

Figure 29: The Ear Slap

Figure 30: The Choke Hold

10.7Golpe de cotovelo

A melhor maneira de executar esta técnica é colocar a mão no peito do atacante e, em seguida, subir rapidamente o cotovelo até atingir o queixo do atacante; este golpe desorienta-o e dá-lhe tempo para atacar novamente (por exemplo, ataque de garganta com os dedos) ou escapar. A figura 31 ilustra esta situação.

10.8 O pontapé na coxa

A maioria das pessoas sabe que um pontapé na virilha é uma forma eficaz de terminar uma luta, mas um atacante experiente pode ser capaz de bloquear o pontapé fechando os joelhos ou virando-se ligeiramente para o lado. Um pontapé que tem mais probabilidade de atingir o efeito desejado é dado na parte de trás da coxa, onde corre o nervo ciático. Este pontapé impossibilitará o atacante de andar e, provavelmente, este cairá de joelhos. Ver a figura 32.

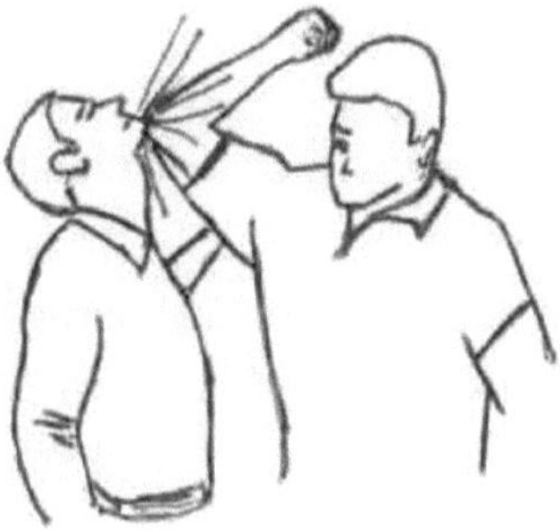

Figure 31: The Elbow Strike

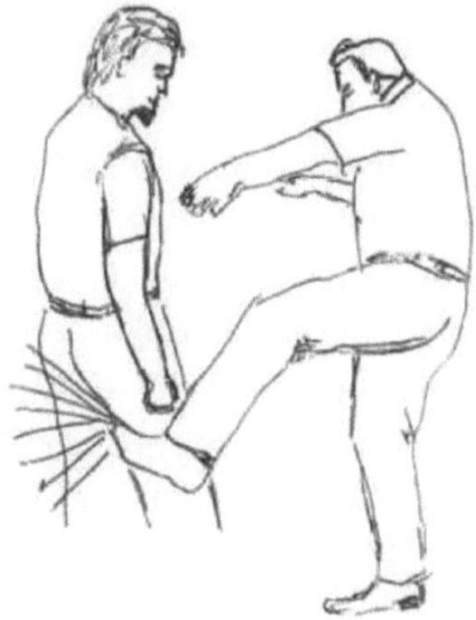

Figure 32: The Thigh Kick

Capítulo 11. Armas de ocasião para a sua própria defesa

Todos nós trazemos connosco objectos aparentemente inocentes, mas que podem ser usados para defesa com bons resultados. O que temos de fazer é consciencializar a utilização prática desses objectos e assegurar que transportamos a sua melhor forma para fins de defesa, que sabemos como aceder-lhes rapidamente e que aprendemos a utilizá-los.

Começaremos pelas armas de ocasião que são utilizadas pelas senhoras.

10.1 Armas de senhora:

- Pentes. São normalmente tão grandes como uma faca e, quando agarrados pela parte que penteia, o cabo pode ser utilizado como uma arma penetrante. Eficaz contra a garganta e os olhos.

- Sapatos de salto alto. Já vi uma senhora segurar a parte da frente do sapato e bater com o salto alto na cabeça de um adversário, fazendo-o sangrar imenso. Muito eficaz do ponto de vista dissuasor.

- Saco de senhora a tiracolo. A maioria das malas de senhora a tiracolo são razoavelmente pesadas com o seu conteúdo e, quando seguradas pela alça, podem ser agitadas como uma arma de ataque. Mantém um atacante à distância.

- Grampos de cabelo. São afiados e compridos, e podem ser usados em qualquer parte do corpo do atacante, para causar dor e tirar sangue. Particularmente eficazes contra os olhos e a garganta.

11.2 Revista Paper

Uma revista de papel enrolada pode ser utilizada como arma de ataque; é particularmente útil contra as mãos do adversário, para o obrigar a largar qualquer arma que tenha na mão. Também pode ser utilizado contra a cabeça.

11.3 Palitos de dentes

Os palitos de dente são afiados e podem ser usados como arma penetrante, contra os olhos e a garganta, ou qualquer outra parte do corpo do atacante. O utilizador deve, no entanto, ter cuidado com a forma como transporta esta arma em particular, para evitar ferir-se; um palito deve ser transportado dentro de uma bainha ou na carteira.

11.4 Chaves do carro

As chaves de carro são afiadas e rígidas; podem ser utilizadas como arma de penetração, contra os olhos e a garganta, ou qualquer outra parte do corpo do agressor. Trata-se de um tipo de arma que a maioria de nós transporta facilmente consigo.

11.5 Cintos

Um cinto de couro com uma fivela forte e proeminente é uma arma formidável e pode ser usado como um chicote. Esta é uma arma que podemos transportar conscientemente nas nossas pessoas e que é tão útil como arma de defesa como para manter as calças levantadas (ou os vestidos de senhora apertados). Para isso, o cinto deve ser forte e rápido de retirar. A parte que atinge o cinto é, naturalmente, a fivela, pelo que se deve agarrar o cinto pela extremidade oposta.

11.6 Bengala

A bengala não se destina apenas aos idosos e aos fracos. Ainda não há muito tempo, era moda os cavalheiros usarem uma bengala na maioria das ocasiões em que andavam a passear. Ainda hoje, muitas pessoas continuam a usar uma bengala quando fazem o seu exercício de caminhada, para manter os cães e outros afastados. A questão é que a bengala não se deve desintegrar se bater em alguém com ela. Se tiveres uma dessas bengalas robustas com uma espada no interior, então é ainda melhor.

Uma bengala é boa para manter o teu atacante à distância, atingir as mãos que seguram a arma e atingir o atacante na cabeça. Se tiveres uma espada, podes querer espetá-la no teu atacante, se ele não te deixar em paz.

11.7 Tampa do caixote do lixo

A tampa de um caixote do lixo é, na maioria das vezes, feita de metal e pode ser usada tanto como arma defensiva, ao aparar os golpes armados ou desarmados do atacante, como arma ofensiva, ao atingir qualquer parte do corpo do atacante com ela. Mesmo que seja feita de borracha pesada ou plástico, a tampa pode ser usada com bons resultados.

11.8 Antena de automóvel

Partir a antena de um carro próximo pode ajudar-te a proteger-te contra o atacante; podes usar a antena para atingir as mãos do atacante, para o obrigar a largar uma arma, ou podes atingi-lo em qualquer parte do corpo para o manteres afastado.

Capítulo 12. Defesa contra ataques com armas específicas

12.1 Disparo de armas

Se não tiver formação especial sobre como desarmar um atacante armado, então é mais seguro entregar os seus objectos de valor.

Se vires que o teu agressor te vai matar de qualquer maneira e não tiveres outra opção senão reagir, então..:

- Se estiver à distância de um braço do agressor, afaste a arma e, ao mesmo tempo, afaste o seu corpo da linha de fogo; aponte os olhos do agressor e corra.
- Se estiver mais longe do atacante, fora do seu alcance, então corra e faça ziguezagues para sair, enquanto se esforça por ser o menor alvo possível.

A probabilidade de sobreviver ao agressor que tenta disparar contra si é maior do que se ficar paralisado e implorar por misericórdia.

12.2Faca

Se o teu agressor tiver um mínimo de experiência no manuseamento de uma faca e tu lutares com as mãos nuas contra ele, então sabes que serás cortado, num combate.

Por isso, a melhor maneira de sair, se puder, é entregar os seus objectos de valor ou fugir.

Se o agressor quiser fazer-te mal e não puderes fugir, porque a tua saída está bloqueada, ou porque estás a tomar conta de outra pessoa, ou por qualquer outra razão, então deves passar à ofensiva com o único objetivo de desarmar o agressor. Para isso, tens de te apoderar de qualquer objeto que possas usar para atacar a mão do adversário que segura a faca. Deve utilizar o seu cinto, a tampa de um caixote do lixo, a antena de um carro, uma cadeira, uma revista enrolada, uma bengala, o que estiver à mão. Se tiveres um casaco de um material grosso, como o cabedal, enrola-o no braço que estás a defender para bloquear os golpes de faca. Ver Figura 33.

Nesta situação, deves atacar com fúria, até que o teu adversário largue a faca. Quando isso acontecer, avança rapidamente e acaba com ele. Atinge-lhe a garganta ou os olhos e depois dá-lhe um pontapé na parte de trás da perna, para que ele não te possa perseguir quando saíres, caso o teu golpe na garganta não tenha sido eficaz.

Figura 33: Defendendo-se com um cinto

12.3 Tacos, paus ou cachimbos

O problema dos bastões, paus ou canos é a distância. A área efectiva destas armas é os últimos 25% do seu comprimento. Por isso, se puder, afaste-se do alcance da arma e corra; se não puder, desloque-se para o lado do agressor, de modo a poder derrubá-lo no chão ou empurrá-lo e correr.

Conclusão

A melhor defesa é estar atento ao que o rodeia e evitar colocar-se a si e às pessoas a seu cargo em situações potencialmente perigosas, quer evitando locais perigosos, quer andando discretamente. No entanto, isto nem sempre é possível, e nem sempre se pode evitar estas situações indesejadas, independentemente do cuidado e da consciência que se tenha.

Por conseguinte, se for apanhado numa situação em que a sua vida e a dos que estão a seu cargo estejam em risco, esteja preparado para abandonar os bens materiais, se esse for o preço para escapar ileso à situação. No entanto, se for evidente que os assaltantes pretendem causar danos físicos, esteja preparado para agir e para se empenhar nas suas acções, seja fugindo ou contra-atacando os assaltantes. Neste último caso, é muito útil conhecer alguns movimentos de defesa eficazes, tal como descrito nos parágrafos anteriores.

Referências

1. The Prevention of Street Robbery, Mary Barker, Jane Geraghty, Barry Webb, Tom Key, ISBN 1-85893-008-1", 1993

2. Bob Pierce Prez, Internet, Fightfast.com

3. 15 Truques Sujos, Combate TRS, pelo Dr. Russel Horine

4. Crime nos Estados Unidos, 2015: https://ucr.fbi.gov/crime-in-the-u.s/2015/crime-in-the-u.s.-2015/home

5. O FBI redefine a violação e porque é que isso é importante, https://www.forbes.com/sites/crime/2012/01/18/the-fbi-redefines- rape-and-why-it-matters/#38c0be7b1db9

MIX
Papier aus verantwortungsvollen Quellen
Paper from responsible sources
FSC® C105338

Printed by Books on Demand GmbH, Norderstedt / Germany